¿A qué distancia?

STEVE WAY y FELICIA LAW
Ilustrado por MARK BEECH

everest

¿A qué distancia?

Contenidos

De aquí para allá 4-5

A zancadas 6-7

Uso de las medidas 8

Vueltas y longitudes 9

La medida correcta 10-11

Puntos y líneas 12-13

De punto a punto 14-15

Un muro largo, muy largo 16-17

Un viaje largo, muy largo 18-19

Ultrasonidos 20-21

Siguiendo el borde 22-23

Viajes animales 24-25

Área 26-27

Tiempo en el espacio 28-29

Acertijos de *¿A qué distancia?* 30-31

Índice 32

Tablas de conversión

MEDIDAS DE LONGITUD

pulgadas (in) a centímetros (cm) multiplicar por 2,5
pies (ft) a centímetros (cm) " " 30,0
yardas (yd) a metros (m) " " 0,9
millas (mi) a kilómetros (km) " " 1,6

MEDIDAS DE SUPERFICIE

pulgadas cuadradas (in²) a centímetros cuadrados (cm²) multiplicar por 6,5
pies cuadrados (ft²) a centímetros cuadrados (cm²) " " 0,09
yardas cuadradas (yd²) a metros cuadrados (m²) " " " 0,8
millas cuadradas (mi²) a kilómetros cuadrados (km²) " " 2,6
acres a hectáreas (ha) " " 0,4

MEDIDAS DE PESO

onzas (oz) a gramos (g) multiplicar por 28
libras (lb) a kilogramos (kg) " " 0,45
toneladas (2000 libras) a toneladas (t) " " 0,9
cortas metricas

MEDIDAS DE VOLUMEN

pulgadas cúbicas (in³) a mililitros (ml) multiplicar por 16
onzas fluidas (fl oz) a mililitros (ml) " " 30
copas (c) a litros (l) " " 0,24
pintas (pt) a litros (l) " " 0,47
cuartos (qt) a litros (l) " " 0,95
galones (gal) a litros (l) " " 3,8
pies cúbicos (ft³) a metros cúbicos (m³) " 0,003
yardas cúbicas (yd³) a metros cúbicos (m³) " 0,76

TEMPERATURAS

Grados Celsius o centígrados (°C) a grados Farenheit (°F) multiplicamos por 9, dividimos entre 5 y sumamos 32
Grados Farenheit (°F) a grados Celsius o centígrados (°C) restamos 32, multiplicamos por 5 y dividimos entre 9

De aquí para allá

Fue un marino portugués el que dio la primera vuelta alrededor del mundo en 1519. Le llevó tres años. Hoy, un avión supersónico realiza ese mismo viaje en mucho menos de un día. Antaño, las carretas se desplazaban a 5 Km/h; hoy los trenes de alta velocidad pueden sobrepasar los 300 Km/h.

Más rápido y más pequeño

El mundo se está convirtiendo en un lugar mucho más pequeño y mucho más rápido: puede llevarnos el mismo tiempo viajar por carretera de un lugar a otro en nuestro país que volar cruzando un continente. Se trata sencillamente de la distancia que deseamos recorrer y de la velocidad a la que lo hacemos.

Antiguos y nuevos modos de ir a los sitios: la diligencia norteamericana de hace doscientos años y el moderno tren bala japonés.

A zancadas

En la antigüedad, las personas usaban su cuerpo para medir, ya fueran sus manos, sus brazos, o sus pies. Las dificultades surgían porque algunos tenían los pies más grandes que otros, por lo que se necesitaba un patrón en el que todos estuvieran de acuerdo.

La medida del cúbito

Los egipcios de la Antigüedad fueron los primeros en establecer medidas estándar. Para ellos la distancia entre la punta del dedo medio y el codo era el cúbito. Cortaron y tallaron una barra de granito negro de esta longitud y se convirtió en medida oficial.

Medir una yarda

La yarda toma su nombre de una palabra que en inglés designa una rama o bastón rectos, aunque también pudo haber sido la medida de un doble cúbito o una zancada, o incluso la medida de la cintura de una persona. Algunos dicen que la inventó Enrique I de Inglaterra en 1305, y que era la distancia entre la punta de su nariz y el extremo de su pulgar.

SIMPLEMENTE MATEMÁTICAS

Una palma

Cuatro dígitos (el ancho de cuatro dedos) es igual a una palma. Un cúbito es el ancho de seis palmas.

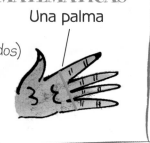

Palma

Cúbito

Yarda

Braza

Dieciocho palmas

Seis pies

Medidas humanas

Este famoso dibujo del artista italiano Leonardo da Vinci muestra alguna de las unidades de medida que se usaban cuando él vivía, en torno a 1480. Naturalmente todos somos distintos, así que son muy pocos los que miden exactamente lo que da Vinci decía.

Compara las medidas de Leonardo con el cuerpo de tu padre:

- ⊃ una palma es la anchura de cuatro dedos.

- ⊃ un pie es el ancho de cuatro palmas.

- ⊃ la altura del hombre es cuatro cúbitos o veinticuatro palmas.

- ⊃ la medida de los brazos extendidos del hombre es igual a su altura.

- ⊃ la distancia de la parte superior de la cabeza al extremo de la barbilla es una octava parte de su altura.

- ⊃ la distancia del codo al extremo de la mano es un cuarto de la altura.

- ⊃ la longitud de la oreja es un tercio de la longitud de la cara.

- ⊃ la longitud del pie es un sexto de su altura.

Uso de las medidas

Cinta métrica

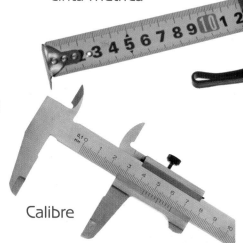

Medir longitudes es algo que hacemos todos los días: podemos ayudarnos con distintas herramientas.

Termómetro

➲ Los calibres pueden ajustarse con precisión para medir el ancho o grosor de un objeto sólido.

Calibre

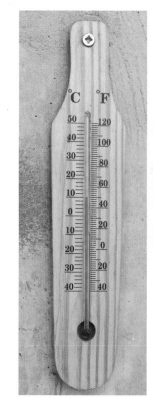

➲ Los termómetros registran el calor: el mercurio sube por el tubo de cristal según aumenta la temperatura.

➲ Los ingenieros utilizan micrómetros para realizar mediciones muy precisas.

➲ La cinta métrica registra medidas cortas.

El velocímetro de un coche muestra la rapidez con que este se mueve respecto de una determinada distancia.

➲ La rueda de agrimensor gira y produce un clic cada vez que se cubre una determinada distancia.

Micrómetro

Vueltas y longitudes

Las distancias usadas en los deportes olímpicos se miden con gran precisión.

Las competiciones de natación suelen celebrarse en piscinas provistas de calles de 50 metros. Esta es la distancia correcta que debe tener una piscina donde puedan celebrarse competiciones nacionales y olímpicas.

Una vuelta es la distancia que se recorre a lo largo de una pista de atletismo. La pista estándar tiene una distancia de 400 metros, de los cuales aproximadamente solo la mitad son rectos y el resto corresponden a las curvas de los extremos.

La medida correcta

Usamos diferentes unidades de medida *según* lo alejado que algo esté o lo alto que sea.

micra (μm)

1 μm	la micra, una millonésima de metro
7 μm	diámetro de una célula roja sanguínea
10 μm	tamaño típico de la gotita de niebla o de una nube
12 μm	ancho de una fibra acrílica
100 μm	ancho de un cabello humano
300 μm	diámetro de la *Thioargarita Namibiensis*, la mayor bacteria jamás descubierta

milímetro (mm)

5 mm	longitud de la hormiga roja media
10 mm	1 centímetro (cm)
15 mm	longitud de un mosquito grande
25,4 mm	pulgada en el sistema imperial
42,67 mm	diámetro de una pelota de golf
304,8 mm	pie en el sistema imperial
910 mm	yarda en el sistema imperial

1 metro (m)

1 m	100 cm
1,70 m	altura media del ser humano
8,38 m	longitud de un autobús londinense
33 m	longitud de la mayor ballena azul
93,47 m	altura de la Estatua de la Libertad, EE.UU.
137 m	altura de la gran pirámide de Giza, Egipto
979 m	altura de la catarata Ángel, Venezuela, la más alta del mundo

1 kilómetro (km)

1 km	1 000 m
1,609	milla en el sistema imperial
8 848 km	altura del Everest, la montaña más alta
11 km	máxima profundidad del océano
111 km	distancia que cubre un grado de latitud en la Tierra
163 km	longitud del canal de Suez

Puntos y líneas

Para los matemáticos, un punto es la representación de un lugar. Igual que tú podrías pensar que la esquina de una calle corresponde al lugar donde esta se corta con otra, el matemático piensa en el punto como el lugar donde se cruzan dos líneas.

Para indicar dónde está un sitio solemos señalarlo con un punto, por lo que el punto tiene una cierta forma y tamaño. Un único punto es difícil de ver y de medir, pero cuando tienes muchos en una fila, todos tocándose entre sí, se convierten en algo que se puede ver y medir: ¡en una línea! Así es como los matemáticos piensan en una línea como si fuera una fila de puntos. El conjunto de puntos que constituyen la línea se llaman los "loci" de esa línea.

Los romanos construyeron largas calzadas rectas que unían distintos lugares de su imperio. Para alinear cada sección de estas calzadas se servían de tres postes rectos colocados en el suelo.

La Autopista Panamericana comienza en la autopista de Alaska (verde). Incorpora las carreteras norteamericanas marcadas en amarillo hasta que se une a la autopista oficial (rojo). Como no puede cruzar las selvas y las ciénagas de la zona marcada con el cuadrado, sufre un corte en esa zona.

De aquí a allí

La carretera más larga del mundo es la Autopista Panamericana, que discurre desde Alaska en América del Norte hasta Tierra del Fuego en Argentina, América del Sur. Tiene casi 50 000 km de longitud, atraviesa espesas selvas, desiertos abrasadores y pasos montañosos cubiertos de nieve. Ciertas partes de esta vía de comunicación son únicamente transitables durante la estación seca y en muchas regiones conducir por ella es muy arriesgado.

De punto a punto

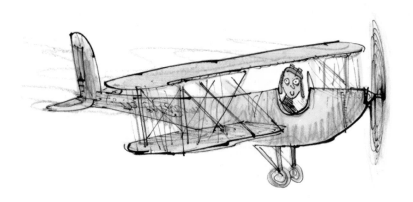

Sobre una superficie plana la distancia más corta entre dos puntos es la línea recta que los une. Cualquier otra trayectoria es más larga.

Si dibujases una línea recta entre dos lugares del mapa, tal vez pienses que ese es el camino más corto entre ellos, pero el mundo no es plano, sino que tiene casi la forma de una esfera; la ruta más corta, por consiguiente, es en ocasiones una línea curva.

El vuelo del cuervo

Esta expresión se usa para describir la distancia más corta entre dos puntos. Es como si imagináramos que el cuervo vuela de un sitio a otro sin tener que sortear obstáculo alguno; los cuervos, sin embargo, son una elección poco afortunada, ya que normalmente vuelan trazando largas trayectorias curvas, no rectas.

Esta graciosa señal muestra las distancias a diferentes lugares desde Bluff.

Señales

Las señales suelen colocarse en los cruces de carreteras para indicar qué dirección ha de tomarse si se quiere llegar a un sitio, y acostumbran a indicar la distancia por carretera. Dicha distancia es diferente de la que hay que recorrer por aire, que se mide según la línea recta que une los puntos de origen y destino. Las distancias rectilíneas se miden a lo largo de las líneas de latitud y longitud de los mapas.

Un muro largo, muy largo

La Gran Muralla China, construida de ladrillo y piedra, se comenzó en el siglo III a. C., es decir, ¡hace 2 300 años!

La Gran Muralla China tiene la asombrosa longitud de 6 400 km y serpentea cruzando China septentrional. Atraviesa altas montañas y profundos valles, y su altura está siempre entre los seis y los nueve metros. Hay torres de vigilancia cada pocos centenares de metros y la parte superior del muro constituye un camino lo bastante ancho para que puedan cruzarlo cinco caballos colocados flanco con flanco. Los mensajeros la utilizaban como vía de comunicación, pero su propósito principal era defensivo. Se cree que hicieron falta más de medio millón de obreros para construirla.

Los chinos están ahora erigiendo una muralla de 4 000 km hecha de árboles, la muralla verde china. Confían en que sirva como cortavientos natural y ayude a detener la rápida expansión del desierto de Gobi.

La muralla se construyó hace miles de años para defender a China de posibles invasores.

Un viaje largo, muy largo

El año 629 d. C., hace más de un milenio, un monje chino llamado Xuanzang partió en peregrinación hacia la India para recopilar escritos sagrados e imágenes de Buda.

A lo largo de diecisiete años cubrió 16 000 asombrosos kilómetros superando tres de las cordilleras más altas de Asia, atravesando desiertos y siguiendo la Ruta de la Seda, una de las rutas comerciales más largas y más antiguas. Visitó monasterios, palacios y lugares sagrados.

Sus diarios de viaje constituyen la descripción más detallada de los países de Asia central y meridional que entonces existían. Aunque dejó China en secreto, volvió convertido en héroe.

Xuanzang fue el menor de cuatro hermanos. A la tierna edad de trece años comunicó a sus padres que quería convertirse en monje budista.

En 629 d. C. se dice que Xuanzang tuvo un sueño que le convenció de que debía emprender un viaje hacia la India.

En aquella época, su país estaba en guerra. Los viajes estaban prohibidos, pero convenció a unos guardias para que le permitieran salir a escondidas de la ciudad.

Xuanzang corrió muchas aventuras: en una ocasión logró escapar de los ladrones.

Se trataba de un viaje muy peligroso: por ejemplo, en las montañas del Hindu Kush hubo de afrontar terribles tempestades de nieve.

Mapa del viaje de Xuanzang.

Atravesó montañas y salvó profundos cañones cruzando puentes de cuerda o de cadenas de hierro provistos únicamente de unas cuantas maderas donde poner los pies.

El viaje de Xuanzang le hizo cruzar China y le llevó a 139 países en Asia Central y la India. Fue uno de los viajes más largos jamás registrados.

Ultrasonidos

Cuando gritas y las ondas sonoras que emites rebotan en un obstáculo, se produce eco. Si pudieras medir el tiempo que transcurre entre el grito y el eco podrías saber a qué distancia está el obstáculo. Esto se debe a que el sonido que se desplaza en el aire viaja una velocidad determinada, siempre la misma.

Muy agudos

Los científicos se sirven de una forma de sonido llamado ultrasonido para hacer funcionar las máquinas de sónar, que detectan objetos submarinos.

Los ultrasonidos tienen una frecuencia, o tono, tan alto, que el oído humano es incapaz de percibirlo. El sonido viaja bien y rápidamente bajo el agua sin dispersarse demasiado.

Cuando los ultrasonidos rebotan en una superficie, como el lecho marino, un banco de peces o un submarino, es posible determinar a qué distancia se hallan.

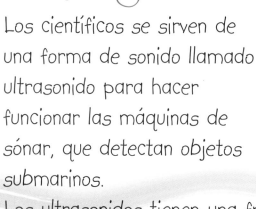

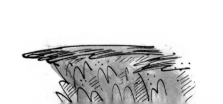

Los delfines usan ultrasonidos.

Sondando las profundidades

En el pasado los marinos determinaban la profundidad del agua mediante un sistema denominado sondar las profundidades.

Lanzaban por la borda una piedra de buen tamaño atada a una cuerda provista a su vez de nudos hechos a intervalos regulares; cuando la piedra tocaba el fondo, era posible determinar a qué profundidad lo hacía contando los nudos mojados.

Buscadores con sónar

Los delfines y las ballenas, como en tierra los murciélagos, emiten ultrasonidos para detectar presas y posiblemente para comunicarse.

Siguiendo el borde

La distancia que mide el borde de algo se llama perímetro. Los muros que se levantan en torno a determinados edificios, como los que delimitan las antiguas ciudades, las fortalezas o los castillos, se llaman muros perimétricos.

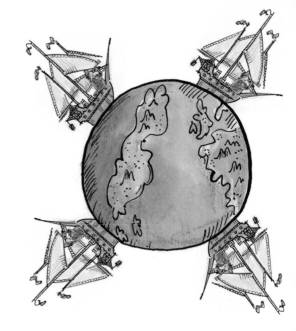

Estas altas murallas marcan el perímetro de una antigua ciudad italiana.

Navegar en redondo

La distancia que recorre el exterior de un círculo tiene un nombre especial: se llama la circunferencia de ese círculo. Cuando los marinos dan la vuelta al mundo se dice que circunnavegan la Tierra.

En el pasado algunos creían que la Tierra era plana: hicieron falta aventureros de gran valor como Cristóbal Colón para navegar dando la vuelta al mundo y demostrar que no era así. ¡Había quienes pensaban que podías caerte por el borde de la Tierra si llegabas hasta él!

¡Prohibida la entrada a los conejos!

En 1859, Thomas Austin zarpó de Inglaterra con destino a Australia llevando veinticuatro conejos, cinco liebres y setenta y dos codornices. A su llegada, los soltó en su finca, en Victoria.

Los conejos se extendieron por el norte y el oeste y en solo quince años habían llegado a Nueva Gales del Sur, a 800 kilómetros de distancia.

Daba la impresión de que nada podía detenerlos. Muy pronto, la población de conejos australianos había alcanzado magnitud de plaga: había que hacer algo.

En 1901, el estado de Australia Occidental empezó a construir vallas a prueba de conejos para impedirles acceder a determinadas zonas. Se levantaron tres de estas vallas: la primera cruzaba el estado de norte a sur, la segunda iba hacia el oeste y la tercera iba de este a oeste.

Fueron necesarios seis años para construir estas vallas, que se extendían a lo largo de 3 253 kilómetros. Por desgracia, cuando estuvieron acabadas, se observó que los conejos ya se habían introducido en las áreas a las que supuestamente las vallas iban a impedirles acceder.

Los caribús emigran en grandes manadas.

Viajes animales

Los charranes árticos o gaviotines recorren una ruta circular de más de 35 000 kilómetros cada año, de un extremo de la Tierra al otro. Ninguna ave hace un viaje tan largo como ellos.

Los charranes árticos o gaviotines anidan en torno al Polo Norte en los meses de junio y julio, los más cálidos. Después emigran en dirección al Polo Sur, donde diciembre y enero son meses de temperaturas altas y el alimento es más fácil de conseguir.

La mariposa monarca realizará una de las migraciones más largas de todos los insectos. Pasan el invierno en California o cerca de Ciudad de México, y en primavera emigran hacia el Norte; llegan a Canadá a finales del verano.

Mariposas monarca reuniéndose antes de emigrar.

Área

El área es un modo de describir el espacio plano de algo: por ejemplo, para saber cuál es la superficie de una habitación, necesitas medir su área.

Para averiguar el área de una superficie, se empieza por medir la longitud de dos de sus lados si forman ángulos rectos entre sí, como los cuadrados o los rectángulos. Este es el motivo por el que el área es una medida de dos dimensiones, es decir, bidimensional.

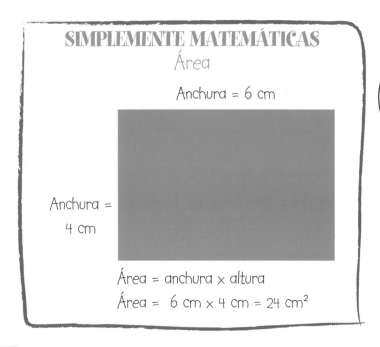

SIMPLEMENTE MATEMÁTICAS
Área

Anchura = 6 cm

Anchura = 4 cm

Área = anchura x altura

Área = 6 cm x 4 cm = 24 cm²

La Milla Cuadrada

La City of London es una parte muy famosa de la capital del Reino Unido, pero es también muy pequeña: mide algo más que la milla cuadrada (2,6 km²) de área. Es una zona sobrecargada de historia a la que suele llamarse "la Milla Cuadrada".

En el año 200 a. C. llegamos nosotros, los romanos, y construimos un muro en torno a la ciudad.

La convertimos en nuestra capital e hicimos de ella un gran centro de comercio.

Pero al debilitarse el poder romano, la ciudad fue destruida por una tribu de bárbaros tras otra. Por fin terminó habiendo paz bajo un gobernante.

Soy Alfredo el Grande y restauraré la ciudad.

Pero en 1666 un gran incendio la destruyó casi por completo.

Yo, Christopher Wren, la reconstruiré y la haré más bonita que nunca.

Yo, Guillermo el Conquistador, haré de ella mi capital y construiré la Torre de Londres.

A pesar de enfermedades y plagas, la ciudad prosperó durante 500 años.

Soy el alcalde de la City de Londres. Hoy, la Milla Cuadrada es un bullicioso centro financiero y comercial célebre en todo el mundo.

Tiempo en el espacio

La mayoría de las estrellas que se ven en el cielo son parte de grandes acúmulos estelares llamados galaxias. Nuestro sistema solar forma parte de una galaxia, la Vía Láctea. Solo otras tres galaxias pueden verse desde la Tierra sin un telescopio y únicamente en noches claras. Parecen zonas nebulosamente luminosas en el cielo.

Estrellas lejanas

Las estrellas de estas galaxias están tan alejadas que su luz ha tardado más de dos millones de años en llegar hasta nosotros: es decir, la luz comenzó su viaje mucho antes de que la gente poblara la Tierra.

Si una de las estrellas de la galaxia de Andrómeda explotara súbitamente y se hiciera pedazos, ¡nadie en la Tierra sabría de ello durante otros dos millones de años!

La galaxia de Andrómeda está a unos 20 billones de kilómetros de nosotros.

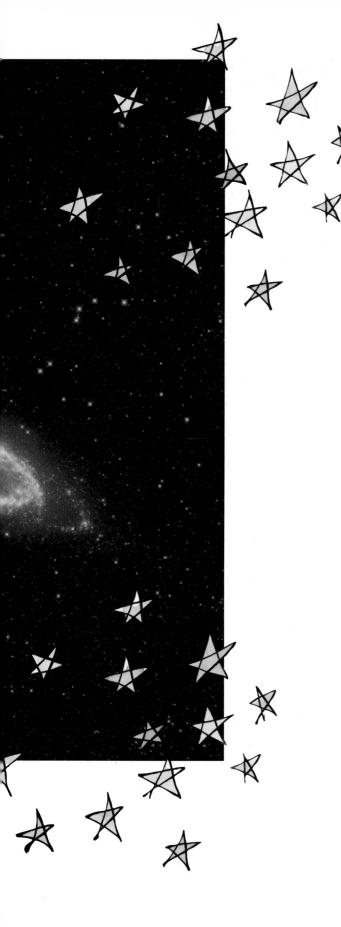

Qué es el año luz

Cuando los astrónomos hablan de lo lejos que están las estrellas remotas de la Tierra, las cifras son tan grandes que no se usan kilómetros, sino que dicen que las estrellas están a tantos años luz de nosotros. Un año luz es la distancia que recorre la luz en un año y equivale a unos 10 billones de kilómetros.

Menos de medio segundo

Si estás mirando la tele y entrevistan a alguien en el otro lado del mundo, tal vez observes pequeñas pausas antes de que conteste las preguntas.

Se debe a que las ondas de radio viajan a la misma velocidad que las de la luz, así que necesitan una fracción de segundo para ir de un extremo del mundo al otro. La luz tarda algo más de un segundo en llegar a nosotros desde la Luna y unos ocho minutos cuando viene del Sol.

1. ¿Qué medida utilizaban los antiguos egipcios para la longitud?

2. ¿Qué herramienta de medida se usa para registrar el calor?

3. ¿Cuál es la altura media de un ser humano?

4. ¿Qué continentes atraviesa la autopista más larga del mundo?

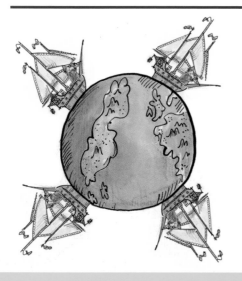

5. ¿Qué nombre se da a la línea que recorre el exterior de un círculo?

6. ¿Qué nueva muralla se está construyendo en China?

7. ¿Adónde llegó Xuanzang en su peregrinaje?

_____

8. ¿Qué tipo de sonidos especiales emiten los murciélagos y los delfines para detectar presas?

_____

9. ¿Qué animal -que se convirtió en plaga- llevó Thomas Austin a Australia en 1859?

_____

10. ¿Qué insecto efectúa la migración más larga?

Índice

Alaska 13

año luz 29

área 23, 26

astrónomo 29

Autopista Panamericana 13

avión supersónico 4

ballena 21

bidimensional 26

braza 7

calibre 8

centímetro 10, 11

charrán ártico 25

Chile 13

cinta métrica 8

circunferencia 22

circunnavegar 22

conejos 23

Cristóbal Colón 22

cuadrado 26

cúbito 6, 7

delfines 20, 21, 31

dígito 6

diligencia 5

eco 20

Enrique I, rey 6

galaxia de Andrómeda 28

Gran Muralla China 16

juegos olímpicos 9

kilómetro 4, 11, 13, 16, 23, 25, 28

Leonardo da Vinci 7

longitud 9

mariposa monarca 25

matemático 12

metro 9, 11, 16

micra 10

micrómetro 8

migración 24

milímetro 10

Milla Cuadrada 26, 27

muralla verde china 16

murciélagos 21, 31

palmos 6

perímetro 22

pie 6, 7, 10

polo Norte 25

polo Sur 25

pulgada 10

rectángulo 26

rueda de agrimensor 8

Ruta de la Seda 18

señal de tráfico 15

sonar 20, 21

sondar 21

tren bala 5

ultrasonido 20

valla a prueba de conejos 23

velocímetro 8

Vía Láctea 28

vuelta 9

Xuanzang 18, 31

yarda 6, 7, 10